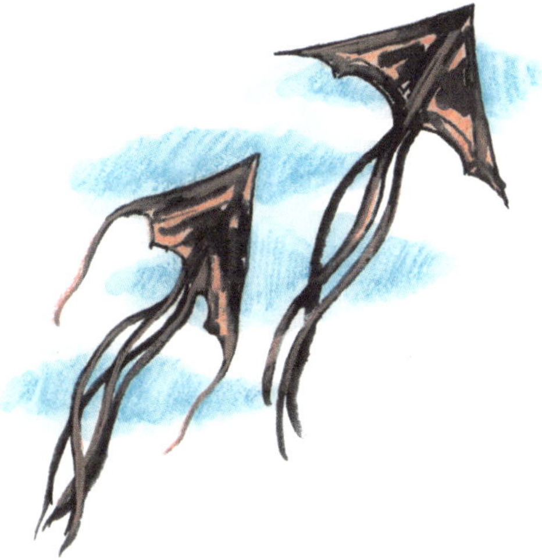

ISBN : 9782376060833
Achevé d'imprimer en Pologne
via Alphabook, en mai 2019
Dépôt légal : mai 2019
Loi n° 49-956 du 16 juillet 1949
sur les publications destinées à la jeunesse

DES **GRAINES** & DES **GUIDES**

ALEXANDRA DAVID-NÉEL

À Anna, Suzon et Angelo

À Josette et Sionfoundiengué

Un grand merci à Marie-Madeleine Peyronnet, dite « Tortue », secrétaire d'Alexandra David-Néel, pour son accueil chaleureux à la Fondation à Digne-les-Bains et son vif intérêt pour ce livre à destination des enfants.

G. A.

Gwenaëlle Abolivier est journaliste et productrice à France Inter. Formée à l'école de Claude Villers, elle présente des émissions de reportages où elle raconte ses voyages à travers le monde, ainsi que des émissions consacrées à la littérature de voyage et aux relations épistolaires. Actuellement, elle travaille sur les grandes voix qui ont marqué le XXe siècle. Elle est également l'auteure de *Lettres Océanes*, anthologie de lettres maritimes, éditée chez Glénat.

Gopal Dagnogo est artiste peintre. Il nourrit son œuvre des mélanges, des lectures et des métissages qu'il rencontre au fil de ses voyages entre l'Afrique, l'Europe et l'Asie.

ALEXANDRA DAVID-NÉEL

Une exploratrice sur le toit du monde

Gwenaëlle Abolivier

Gopal Dagnogo

Dossier documentaire réalisé par Enguerrand Meheust

À DOS D'ÂNE

Ce texte destiné aux adolescents a pour but de leur faire connaître une femme qui aurait aujourd'hui 143 ans et qui, cependant est encore en avance sur notre époque. Si Alexandra David-Néel connaît un succès chaque jour grandissant, surtout auprès des jeunes, elle a autrefois été sévèrement critiquée. Par qui ? Par la gent féminine hélas ! Pensez donc : refuser le mariage et la maternité était au XIXe siècle et la plus grande partie du XXe siècle à la limite du scandale, surtout pour partir à l'aventure dans des pays lointains.

Mais que les jeunes lecteurs soient immédiatement avertis, les voyages pour Alexandra, grande admiratrice de la nature, certes, avaient surtout pour but l'étude ethnique, philosophique et religieuse.

Les titres de ses livres de voyage nous le prouvent, ainsi que ceux de ses romans nés de rencontres faites sur les pistes ancestrales des caravanes, dans les ermitages des yogis tibétains. Ils sont le reflet exact des mœurs et coutumes du haut pays des neiges.

Ce que leur lecture nous apporte encore aujourd'hui, c'est avant tout une grande leçon de courage, d'énergie, qui ne peut être que bénéfique aux jeunes par les temps difficiles que connaît et connaîtra notre planète.

Marie-Madeleine Peyronnet, secrétaire d'Alexandra David-Néel

Avec le soutien
de la ville de
Saint-Mandé

SAINT-MANDÉ

« Comment t'appelles-tu ? » La petite Alexandra, alors âgée de 5 ans, n'a pas du tout l'intention de répondre au gardien du bois de Vincennes, qui la tient fermement par la main.

« Où vas-tu ? » L'exploratrice en herbe ne dira rien de son secret. Elle s'est enfoncée au cœur de la forêt, pour écouter le chant des oiseaux et regarder les fleurs. Apercevoir les nuages dans le ciel et goûter à ce plaisir d'être seule au beau milieu de cette nature qui est tout entière son amie. Alexandra vient de vivre sa première vraie grande fugue qui va durer le temps d'un après-midi.

C'est cette merveilleuse sensation de liberté et de joie, qu'Alexandra aimera ressentir au cours des aventures qui la conduiront à travers la Chine et le Tibet et surtout dans les régions inexplorées des Himalayas, les plus hautes montagnes du monde.

Pendant quarante ans, avec courage et détermination, Alexandra David-Néel va voyager, surtout en Asie, à une époque où la voiture n'existe pas. À pied, à dos de mule ou encore de yak, elle va traverser l'Inde, le Tibet, la Chine, allant jusqu'au « toit du monde ». En 1924, elle réalise un exploit qui va la rendre célèbre dans le monde entier, elle est la première femme occidentale à entrer clandestinement à Lhassa, ville du Tibet interdite aux étrangers. Pour cela, elle se déguisera en mendiante ! Elle est désormais considérée comme la plus grande exploratrice du XXe siècle.

Son destin restera exceptionnel puisqu'elle vivra jusqu'à cent un ans, après avoir raconté ses pérégrinations* et écrit de nombreux ouvrages sur le bouddhisme.

Au secours de Pierrot et Polichinelle

Alexandra David-Néel est née le 24 octobre 1868 à Saint-Mandé, en région parisienne, sous le signe du voyage. Elle est la fille unique d'un instituteur, passionné de politique et admirateur de Victor Hugo. Petite fille, Alexandra se souvient avoir sauté sur les genoux du poète. Sa mère belge, d'origine scandinave, lui témoigne peu d'affection : elle aurait préféré avoir un garçon pour qu'il devienne évêque…

Alexandra est une fillette au caractère bien trempé, intrépide et au regard perçant. Elle ne veut rien faire comme tout le monde. Très tôt, elle est remarquée pour son tempérament

téméraire* et pour son intelligence hors du commun. Avec sa robe à volants et ses cheveux bien coiffés, Alexandra se sent tout embarrassée. Quand, en plus, on lui confie une poupée, elle se demande si les grandes personnes ne se sont pas trompées...
« Je suis peut-être un garçon ! » se dit-elle.

À cette époque, sa gouvernante l'accompagne au petit théâtre de marionnettes des Champs-Élysées pour assister aux aventures de Guignol et de Gnafron. Jusqu'au jour où Alexandra prend la défense de Polichinelle et de son ami Pierrot. Elle se précipite vers la scène, s'agrippe aux rideaux et se hisse pour attraper Guignol et son bâton ! Soudain, elle est suivie de tous les autres enfants et c'est une belle pagaille ! Les rideaux de velours tombent à terre, les tréteaux vacillent et l'ensemble du petit théâtre s'écroule pour la plus grande joie du jeune public.

Guignol et Gnafron sont réduits en pièces et l'ami Pierrot est sauvé sous les regards médusés des parents. Alexandra savoure sa victoire… mais ne reviendra plus au petit théâtre des Champs-Élysées. Privée de promenade, elle commence à apprendre à lire et se réfugie dans les romans de Jules Verne*.

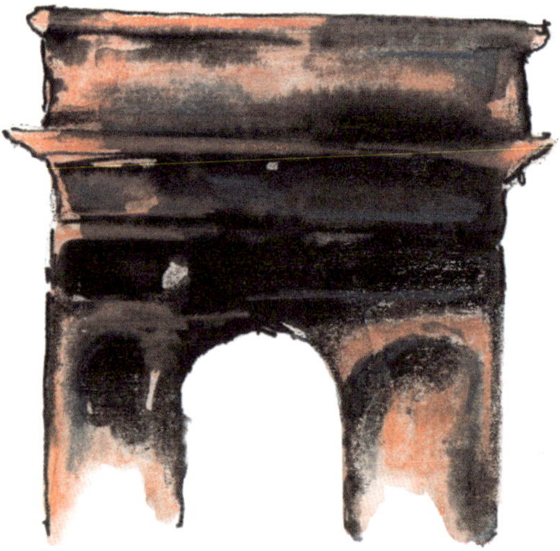

La petite fugueuse

« J'ai su courir avant de savoir marcher » racontait la grande dame du Tibet pour expliquer son goût pour les aventures au bout du monde. Sa première véritable escapade a lieu en Touraine alors que la petite Alexandra passe des vacances chez sa grand-mère. Son envie d'aller voir au-delà du jardin clos est telle qu'elle se retrouve sur la route.

Dès lors, cette soif de découverte ne la quittera plus. Devenue adolescente, Alexandra, plus que jamais curieuse du monde, brûle de la fièvre du départ. Entre deux longues promenades avec son père, elle en profite pour prendre le large. À Ostende, la jeune femme aux semelles de vent et au tempérament de feu s'embarque pour l'Angleterre et ne rentrera qu'une fois ses économies épuisées…

En 1885, la future exploratrice est âgée de dix-sept ans quand elle monte à bord d'un train à vapeur et s'élance vers la Suisse. La fuite est devenue vitale. Mais à cette époque, voyager seule pour une jeune fille bientôt bonne à marier, ce n'est pas du tout convenable. Alexandra est perçue comme excentrique car elle échappe à la condition féminine de son temps, mais elle s'en moque !

Quelques jours plus tard, après la traversée du Saint-Gothard, avec pour tout bagage un imperméable et un livre, elle visite les lacs italiens. Elle s'installe dans un hôtel au bord du lac Majeur et envoie un télégramme à sa mère : « Venez me chercher, suis sans le sou ! » Pendant le voyage du retour, Alexandra expose à sa mère son désir d'étudier la médecine, mais celle-ci manque de s'étouffer : « Vous êtes devenue folle ma fille ! Être médecin, déjà que les hommes n'y comprennent rien, alors pensez : une femme ! Non, vous serez gérante d'une boutique de tissu ! » Alexandra ne l'écoute déjà plus, rêvant de grandes chevauchées à travers les plaines d'Asie.

Naissance d'une vocation

Alexandra est encore une enfant quand ses parents décident de déménager en Belgique, à Bruxelles, où elle intègre une école religieuse. C'est une élève brillante qui va se découvrir bien vite une curiosité pour l'histoire et les croyances religieuses. Le jour de ses six ans, son père lui donne de l'argent de poche : elle s'achète, signe du destin, un plumier de Chine. Sa mère, quant à elle, lui offre un encrier en porcelaine du Japon.

Devant l'intérêt que la fillette porte à tout ce qui vient de l'Extrême-Orient, son père dira : « Ma fille a la peau blanche mais son âme est jaune ! »

L'Orient sera la grande passion de sa vie. Alexandra n'a qu'une idée en tête : se rendre un jour dans ces contrées lointaines. À vingt ans, elle quitte la maison familiale et part pour Londres améliorer son anglais et découvrir les philosophies orientales. Elle est persuadée que son bonheur passera avant tout par l'étude et le détachement des choses terrestres. Elle poursuit à Paris, où elle apprend le sanskrit, la langue utilisée dans les textes religieux hindous, et fréquente les sociétés secrètes, où elle rencontre des féministes qui défendent l'égalité entre les femmes et les hommes, ainsi que des anarchistes*, comme le penseur Élisée Reclus dont la devise est : « L'obéissance, c'est la mort. »

Sa vocation d'orientaliste naît à Paris, au musée Guimet*, face au bouddha géant qui trône en haut des escaliers. Quand elle le voit, tout devient clair dans son esprit et elle se tourne définitivement vers le bouddhisme. Elle part alors en voyage sur l'île de Ceylan (aujourd'hui Sri Lanka), puis en Inde, « pays de tous les prodiges » selon ses dires.

Le grand départ ou des aventures à couper le souffle

Son premier voyage en Asie dure quelques mois. À son retour, Alexandra reprend ses études et la pratique de la musique qu'elle n'a jamais abandonnée. À vingt-et-un ans, elle obtient le premier prix de chant lyrique du Conservatoire, et sous le pseudonyme de Mademoiselle Myrial, elle part en tournée dans des théâtres de province, d'Europe, d'Afrique du Nord et d'Indochine*. Pendant environ un an, elle occupera l'emploi de première chanteuse à l'opéra d'Hanoï, avant de rencontrer et d'épouser à Tunis Philippe Néel, ingénieur des chemins de fer.

Mais Alexandra s'ennuie dans sa nouvelle vie de femme mariée et, le 9 août 1911, c'est le grand départ. Elle est âgée de quarante-trois ans et s'embarque sur un paquebot des Messageries Maritimes, direction l'Inde. Elle pense revenir dans quelques mois, mais ne réapparaîtra que quatorze ans plus tard !
Pendant ce deuxième voyage en Inde, elle va de monastère en monastère*, accompagnée de ses domestiques.

En 1914, elle arrive au Sikkim, où elle fait la connaissance d'Aphur Yongden, un jeune Sikkimais qui rêve de voyager et d'aller aux îles Philippines. Pendant quarante ans, il sera au service de l'exploratrice, au début comme son assistant, puis au fil du temps il deviendra son fils adoptif. Elle rencontre également le treizième dalaï-lama, le plus haut chef spirituel du Tibet qui lui conseille d'apprendre le tibétain et l'encourage à se rendre dans ce pays.

Dès cet instant, Alexandra sent cet appel irrésistible des sommets et des hauts plateaux himalayens, où règnent la paix et le silence.
Un maître tibétain l'invite à suivre son enseignement, mais à une seule condition : vivre dans une caverne à plus de quatre mille mètres d'altitude dans le haut Sikkim ! Alexandra, qui a toujours rêvé de fuir la civilisation, est ravie. Le froid mordant de l'hiver, une nourriture très réduite ne lui font pas peur.
Ses domestiques l'aident à aménager sa caverne de planches et de tissu, sans oublier son tub en zinc pour se laver. Là, à Lachen, elle va pratiquer la méditation et le yoga, étudier la philosophie bouddhiste et découvrir les secrets de la sagesse.

Perchée tel un chat sur le « toit du monde », Alexandra est enfin heureuse, comme ensorcelée par la beauté, la lumière, les neiges éternelles, le silence et la solitude des lieux. Plus tard, elle écrira à son mari : « J'ai le mal du pays pour un pays qui n'est pas le mien. »

Quand la Première Guerre mondiale éclate en Europe, il est impossible pour Alexandra et son fils adoptif, Yongden, de rentrer. Aussi poursuivent-ils leur voyage : ils quittent les Indes en 1916 pour la Birmanie, le Japon, puis la Corée et la Chine.

Ils s'installent à Pékin. De là, ils choisissent de traverser la Chine d'est en ouest : un périple de plusieurs années avec la traversée du désert de Gobi et de la Mongolie. Pendant plus de deux ans, Alexandra séjourne au monastère de Kumbum, au nord du Tibet, où elle passe la majeure partie de son temps à étudier et à traduire les textes bouddhiques.

Parfois, elle parcourt les environs à cheval, ce qui lui donne l'envie de pénétrer à Lhassa, la fameuse cité tibétaine dont la frontière sud est contrôlée par les Anglais et interdite aux étrangers. Durant l'été, elle tente une première incursion, mais elle est repérée par les Tibétains qui l'empêchent de passer. À l'automne, elle essaye de nouveau, cette fois une tempête de neige l'oblige à faire demi-tour. Quand arrive l'hiver, elle est encore arrêtée avec ses domestiques, ses chevaux et ses bagages. Mais rien ne la décourage, bien au contraire.

En octobre 1923, rusée comme une renarde, elle repart, une idée derrière la tête... Infatigable, elle va à pied à travers les montagnes de l'Himalaya, les plus hautes du monde, avec pour seul compagnon le jeune Aphur Yongden. Cette fois, elle s'est déguisée en mendiante !
Le visage noirci de suie, habillée d'une robe en haillons, coiffée d'un bonnet en laine de mouton, elle ressemble bel et bien à une pèlerine mendiante avec son baluchon sur le dos. Pendant cinq mois ils vont marcher, bravant les bandits de grand chemin, les tempêtes de neige et les loups, allant de village en village, chantant et demandant l'aumône, récoltant de quoi se nourrir. Sans tente, ils couchent au pied d'un arbre ou à l'abri d'un rocher, ne mangeant que du fromage séché. Ils doivent même jeûner pendant six jours et six nuits, ne buvant que du thé et puis, au bout du chemin, ils tombent sur une hutte de berger.

Ils s'y reposent et font bouillir un morceau de peau prévu pour ressemeler leurs bottes tibétaines et ainsi donner du goût à l'eau. Enfin, en février 1924, Alexandra réalise son rêve, elle entre dans la ville interdite de Lhassa. Cette aventure la rendra célèbre dans le monde entier…

Une reporter-orientaliste

Au cours de ses pérégrinations, elle observe et apprend. Car Alexandra David-Néel voyage par goût de la liberté, mais aussi par curiosité et envie de connaître les autres cultures.

À son retour, grâce aux notes qu'elle a prises durant des voyages, elle écrira en tant que « reporter-orientaliste », comme elle se définit, de nombreux ouvrages, récits de ses expériences. Le millier de lettres qu'elle adresse à son mari pendant ses voyages lui permettra de se souvenir du moindre détail de ses aventures.

Cette aventure au Tibet est particulièrement extraordinaire car aucune femme blanche, avant elle, n'était allée dans ce bout du monde. Si en 1913 le dalaï-lama, le chef spirituel du pays, proclame l'indépendance du Tibet, celui-ci n'est pas véritablement un pays car il n'est pas reconnu par la Société des Nations. C'est un pays interdit d'accès.

Alexandra découvre une société féodale*, composée de bergers nomades et de moines lamas, dominée par des fonctionnaires corrompus, des chefs religieux et de nombreux seigneurs locaux. C'est un pays très religieux qui compte plus de six mille monastères, qu'elle visitera bien sûr, en prenant le temps de rencontrer les grands maîtres de sagesse. Elle apprécie de vivre auprès des Tibétains qui sont réputés pour leur sens de l'humour et leur bonne humeur.

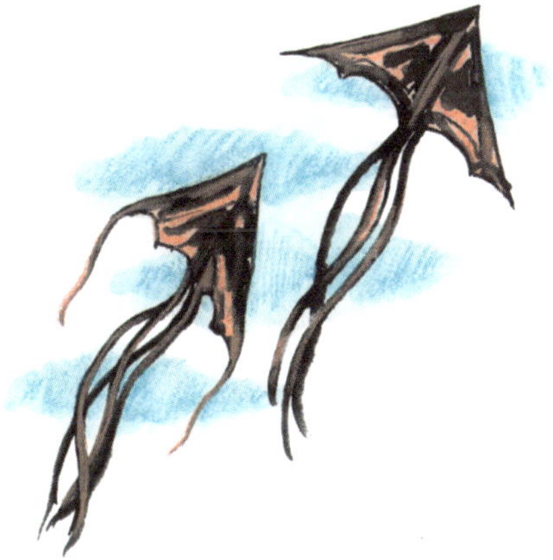

Dans le Tibet moderne et à Lhassa, les hommes sont en général monogames : ils se marient avec une femme. Mais dans le sud du Tibet, la polyandrie est pratiquée : une femme peut avoir plusieurs maris. Par exemple, si elle épouse le frère aîné d'une famille, elle épouse aussi les autres frères. Cette coutume permet de ne pas diviser la propriété. Alexandra rapporte que les Tibétains, qu'ils soient paysans ou princes, vivent dans des maisons où il n'y a pas de chambres individuelles. Ils dorment à dix, quinze, parfois vingt, car ils aiment être ensemble pour se rassurer. En revanche, ils ne mangent pas ensemble autour d'une même table : le père, la mère et les enfants, chacun a sa petite table. C'est la même chose quand on est invité.
Ses récits constituent un témoignage unique car ils nous racontent un Tibet aujourd'hui disparu.

Déjà, elle assiste aux premiers changements survenus depuis l'arrivée des Chinois qui construisent des routes, bâtissent les premiers immeubles à étages. Depuis le retour de l'exploratrice, voilà un siècle, le Tibet a beaucoup changé en s'ouvrant à la modernité, mais il est toujours aussi difficile d'y circuler librement.

Lors de son voyage, l'exploratrice évoquait déjà la pression exercée par les Chinois qui rêvaient de coloniser le Tibet. Aujourd'hui, le pays des neiges est majoritairement habité par des Chinois qui menacent la culture tibétaine.

Une centenaire toujours sur le départ

En 1925, Alexandra David-Néel revient en France et achète une maison à Digne-les-Bains, dans les Alpes-de-Haute-Provence, qu'elle appelle Samten Dzong, la forteresse de la méditation. À soixante-huit ans, elle repart pour un périple de neuf ans à travers la Russie, la Sibérie et enfin la Chine et l'Inde ! Ce n'est que dix ans plus tard qu'elle finira par poser son sac dans ce village qui lui rappelle les immensités himalayennes.
Alexandra David-Néel s'est éteinte à l'âge de cent un ans. Quelques mois auparavant, elle avait renouvelé son passeport, démangée par l'envie de repartir en voyage…

Dossier documentaire

Sommaire

Quelques repères

- **24 octobre 1868 :** Naissance de Louise Eugénie Alexandrine Marie David à Saint-Mandé près de Paris.
- **1886 :** Départ d'Alexandra pour Londres où elle perfectionne son anglais et développe sa connaissance de l'Orient.
- **1889 :** Elle obtient le premier prix de chant et théâtre français au conservatoire de musique de Bruxelles.
- **1890-1900 :** Alexandra devient artiste lyrique sous le nom d'Alexandra Myrial tout en suivant des cours de civilisation orientale. Elle voyage pour la première fois en Inde.
- **1898 :** Elle publie son essai d'inspiration anarchiste *Pour la vie.*
- **1904 :** Alexandra David épouse Philippe Néel à Tunis, s'ensuit une volumineuse correspondance.
- **1911 :** Le 9 août elle quitte Tunis pour Marseille, première étape d'un voyage en Asie qui durera quatorze ans.
- **1912 :** Elle rencontre le dalaï-lama aux portes du Sikkim et franchit pour la première fois les Himalayas.
- **1914 :** Alexandra séjourne au monastère de Phodang au Sikkim et y rencontre Aphur Yongden, jeune moine de 15 ans.
- **1916 :** Expulsée du Sikkim, elle retourne à Calcutta, en Inde.
- **1918 :** Long séjour au monastère de Kumbum dans la région de Koukou Nor.

- **1924 :** Alexandra David-Néel et Yongden réussissent à pénétrer dans Lhassa.
- **1925 :** Séjour en Inde à Bénarès, puis Bombay et au Sri Lanka. Elle rentre en Europe où elle devient une célébrité.
- **1926 :** Elle fait des conférences et est décorée de la Légion d'honneur.
- **1927 :** Elle publie *Voyage d'une Parisienne à Lhassa* qui connaît un succès international.
- **1928 :** Achète sa maison à Digne et Aphur Yongden devient officiellement son fils adoptif.
- **1936 :** Conférences en Europe et voyage en Afrique du Nord.
- **1937 :** Nouveau voyage en Asie, en transsibérien, interrompu par la guerre sino-japonaise qui menace.
- **1938 -1945 :** Voyage en Chine, puis au Tibet.
- **1946 :** Alexandra et Yongden quittent l'Inde pour la France : retour à Digne.
- **1955 :** Mort d'Aphur Yongden.
- **1959 :** Marie-Madeleine Peyronnet devient secrétaire particulière et dame de compagnie d'Alexandra.
- **1964 :** Publication de son dernier livre *40 siècles d'expansion chinoise.*
- **1969 :** Mort d'Alexandra David-Néel dans sa maison de Samten Dzong à l'âge de 101 ans.

Le statut des femmes à la fin du XIXe siècle

Olympe de Gouges

Si la vie d'Alexandra David-Néel est fascinante, elle paraît encore plus exceptionnelle quand on la replace dans le contexte de son époque. En France, à la fin du XIXe siècle et encore au début du XXe, les femmes sont loin d'avoir la liberté et les mêmes droits qu'aujourd'hui. L'idée de l'égalité avec les hommes avait été évoquée lors de la Révolution française en 1789. Une « Déclaration des droits de la femme et de la citoyenne » avait même été rédigée en 1791 par Olympe de Gouges, une des pionnières du féminisme en France. Mais, en 1804, le Code civil de Napoléon fait de la femme une mineure. Concrètement, toute femme est soumise à l'autorité de son père, ne peut se marier sans son consentement et, une fois unie à son mari, reste toute sa vie sous sa responsabilité. Ce n'est qu'en 1970 qu'une loi lui reconnaît son indépendance et fait disparaître les notions d'« autorité paternelle » et de « chef de famille ».

Au temps d'Alexandra David-Néel, les femmes sont donc privées de nombreux droits et ne peuvent vivre comme elles l'entendent :

• L'autorisation du mari est exigée pour obtenir une carte d'identité ou un passeport (jusqu'en 1938).

• L'exercice d'une profession, l'ouverture d'un compte en banque, et la gestion de leurs biens sont interdits sans le consentement de l'époux (jusqu'en 1965).

• Ni droit de vote ni possibilité d'être élues (jusqu'en 1944).

• Pas d'accès au baccalauréat général (jusqu'en 1924) et donc impossibilité de poursuivre des études supérieures ou prétendre à des métiers qualifiés tels qu'avocat, médecin ou chercheur. En effet, à cette époque, l'école n'est pas mixte comme aujourd'hui. Pour les femmes qui suivent un cursus secondaire, l'enseignement dispensé n'est pas le même que celui des garçons. Ces derniers suivent un enseignement général, dans le but de se préparer à un futur métier, tandis que les filles sont surtout destinées à s'occuper de la famille et des tâches ménagères (cuisine, ménage, couture, etc.).

• L'inégalité entre les deux sexes se poursuit aussi dans le monde du travail. Dans les milieux riches, les femmes ne travaillent pas. Dans les milieux pauvres, elles sont le plus souvent moins bien payées que les hommes, même à travail égal. En outre, si elles sont mariées, leur salaire revient à leur mari (jusqu'en 1907).

• Enfin, officiellement, le port du pantalon leur est interdit (jusqu'en 2013 !).

Aujourd'hui si, dans la loi, les femmes ont les mêmes droits que les hommes, dans la réalité bien des inégalités subsistent encore.

Cependant, à l'image d'Alexandra David-Néel, des femmes ont osé se libérer des contraintes de leur siècle et se sont battues pour accomplir leurs rêves, soutenues parfois par leur famille ou même leur mari. Celles qui ouvrent la voie sont des pionnières, d'autres suivront.

Manifestation pour le droit de vote des femmes le 5 mars 1935

Alexandra David-Néel, une femme émancipée

Alexandra David-Néel à 18 ans

Alexandra David naît en 1868 à Saint-Mandé, près de Paris. Fille unique, issue d'un milieu cultivé et relativement aisé, elle bénéficie du soutien de ses parents.

Elle a depuis toute petite l'envie de voyager, de découvrir de nouveaux pays, des cultures différentes. Passionnée par l'Orient, depuis une visite au musée Guimet tout juste inauguré à Paris en 1889, Alexandra se convertit au bouddhisme à 21 ans, et suit des études de sanskrit – une langue ancienne indo-européenne – et de tibétain, avant de vivre quelques mois à Londres pour perfectionner son anglais. Dans le même temps, elle étudie le chant et le piano, puis devient cantatrice. Elle se produit comme chanteuse d'opéra dans plusieurs pays, jusqu'en Indochine française en 1895 et en Tunisie, où elle rencontre son futur mari.

En 1904, Alexandra David épouse Philippe Néel à Tunis. Elle a 36 ans. À cette époque, il est rare qu'une femme se marie si tardivement. Alexandra a déjà partagé l'existence d'autres hommes, mais hors mariage, ce qui était excessivement mal vu, et peu fréquent. En 1911, après quelques années de vie commune, la jeune femme décide, avec l'autorisation et le soutien de son mari, de partir seule en Asie. Son voyage doit durer dix-huit mois, elle y reste finalement quatorze ans !

Voyager au Tibet à l'époque d'Alexandra David-Néel

Voyager au début du XXe siècle est beaucoup plus long et difficile qu'aujourd'hui. L'avion de tourisme n'existe pas ; la première ligne commerciale ne sera ouverte qu'en 1919 et là encore, prendre l'avion reste inconfortable, dangereux et réservé à des privilégiés.

Vue sur le mont Everest depuis un monastère tibétain à 5 100 mètres d'altitude

Pour se rendre en Asie, il faut donc prendre le bateau pour une longue traversée de plusieurs semaines. Une fois arrivé dans un port indien, la partie la plus agréable du voyage s'achève. Il est possible de monter dans un train, mais les lignes de chemin de fer sont peu nombreuses. Les voitures, quant à elles, sont encore peu fiables, et tombent souvent en panne à cause du mauvais état des routes. Sur le parcours qui mène au Tibet, il faut souvent traverser des rivières, mais les ponts ne sont pas suffisamment larges et solides pour être empruntés avec un véhicule. Et lorsqu'il faut franchir le col d'une montagne, la route se transforme en un petit chemin couvert de cailloux qui serpente le long de la falaise. Impossible là aussi de s'y aventurer en voiture, au risque de tomber dans le vide.

Le Tibet est la plus haute région habitée du monde. Le voyage est éprouvant pour qui n'a pas l'habitude des hauteurs : l'altitude moyenne y est de 4 900 mètres, ce qui est plus élevé que le plus haut sommet français : le mont Blanc, qui culmine à 4 809 mètres. Le pays est formé de vastes plateaux dominés par l'Himalaya, la plus haute chaîne de montagnes du monde. Là s'y trouve le mont Everest, le point culminant de notre planète. Pour parvenir à son sommet, il faut s'imaginer escalader depuis la mer un mur de 8 848 mètres !

Le moyen le plus sûr pour aller de l'Inde au Tibet en 1911 est donc la marche à pied, souvent accompagné de chameaux, de chevaux ou encore de mules. La plupart du temps, il ne s'agit pas de voyager à dos de bête : les animaux sont utilisés essentiellement pour transporter les affaires nécessaires au périple.

Les journées de marche sont longues et fatigantes. Avec un peu de chance, avant la tombée de la nuit, un gîte pour dormir est trouvé chez des habitants d'un village. Mais dans les montagnes de l'Himalaya qui séparent l'Inde du plateau tibétain, il ne faut pas s'attendre au confort moderne. Dans le meilleur des cas, le voyageur dort sur de la paille à côté des animaux de ferme. Il n'est pas rare de partager la chambre des propriétaires, avec d'autres voyageurs et les animaux de la maisonnée. On dort les uns contre les autres pour se tenir chaud, car les nuits sont fraîches, surtout l'hiver. Et bien sûr, il n'y a pas de chauffage.

La nuit tombe tôt dans les vallées encaissées. S'il arrive d'avoir trop traîné en chemin, il faut alors sans tarder trouver un endroit où planter la tente. Il est donc nécessaire, en plus des vêtements et des affaires personnelles, d'apporter avec soi du matériel de camping et de quoi manger et boire. Dans les régions reculées du Tibet, les épiceries n'existent pas ; il faut donc manger comme les locaux. L'aliment de base est la *tsampa*. Il s'agit de farine d'orge grillée avec laquelle de délicieux raviolis tibétains (*momo*) ou du pain (*pun*) sont préparés.

La plupart des habitants sont pauvres. Lorsqu'ils tuent un animal, c'est en général pour en conserver la viande qui servira toute l'année. Les congélateurs n'ont pas été encore inventés, mais la viande est séchée pour être conservée plus longtemps.

Dans ces contrées, être chaudement habillé est indispensable. Alexandra David-Néel échangera ses vêtements européens pour les habits locaux en laine de yak, plus adaptés à la vie montagnarde. Cet animal emblématique de la région ressemble à une sorte de grosse vache à poils longs, qui lui permettent de supporter des températures parfois extrêmes (jusqu'à - 40 degrés !). Ce ruminant sert à tout au Tibet : il aide au travail des champs, porte des charges lourdes, fournit du lait, de la laine, du cuir et aussi de la viande. Il est de coutume, lorsque l'on reçoit un visiteur, de lui offrir la boisson traditionnelle du Tibet : le *po cha*, un thé auquel sont ajoutés du beurre de yak et du sel.

Un yak au Tibet

Alexandra David-Néel en 1933

C'est une boisson idéale pour qui veut traverser ces territoires froids : le *po cha* réchauffe, hydrate, apporte de l'énergie et le beurre qui y a fondu protège les lèvres des gerçures. Ceux qui ne sont pas habitués au goût rance (goût d'un beurre resté plusieurs jours hors du réfrigérateur) s'exposent à recracher leur première gorgée ! Mais avec le temps, il est quelquefois apprécié.

Les montagnes sont risquées et le danger est souvent imprévisible. Nombreuses sont les personnes tombées d'une falaise depuis un chemin trop étroit. Alexandra David-Néel raconte aussi comment elle a manqué, à plusieurs reprises, être attaquée par des voleurs. C'est l'une des grandes menaces des zones peu fréquentées : des bandits y guettent les voyageurs pour s'emparer de leurs précieux biens.

Si l'expédition d'Alexandra a été aussi longue, outre les 3 000 kilomètres parcourus, c'est aussi parce qu'il devient impossible de se déplacer dans les montagnes du Tibet lorsque la neige commence à tomber. De la fin de l'automne au début du printemps, les routes sont bloquées par une épaisse couche blanche, qui rend le trajet entre deux villes impossible. Ceux qui s'y aventurent risquent de mourir de froid ou d'être emportés par une avalanche. Pour ces raisons, Alexandra David-Néel devra rebrousser plusieurs fois chemin au cours de ses périples.

Histoire du Tibet et du bouddhisme

Alexandra David-Néel a consacré sa vie à l'étude de la civilisation tibétaine. De quand date cette civilisation très ancienne ? Au VIIe siècle, un grand empire tibétain est formé par Songtsen Gampo qui réussit à réunir autour de lui tous les Tibétains. Ce pays est une théocratie, un régime dirigé par des religieux bouddhistes dont le dalaï-lama est le chef à la fois spirituel et politique. Tout au long de son histoire, le Tibet a dû se battre pour rester libre et indépendant de son puissant voisin chinois. En 1913, après des siècles de domination, profitant de la révolution et de la guerre civile en Chine, les Tibétains ont pu déclarer leur indépendance. C'est à cette période qu'Alexandra David-Néel s'est rendue en Chine et au Tibet. Mais, en 1949, les communistes chinois au pouvoir veulent récupérer les territoires perdus. En 1950, ils envahissent le Tibet et en 1959, le dalaï-lama s'enfuit en Inde, où il forme un gouvernement tibétain en exil.

Moine bouddhiste tibétain

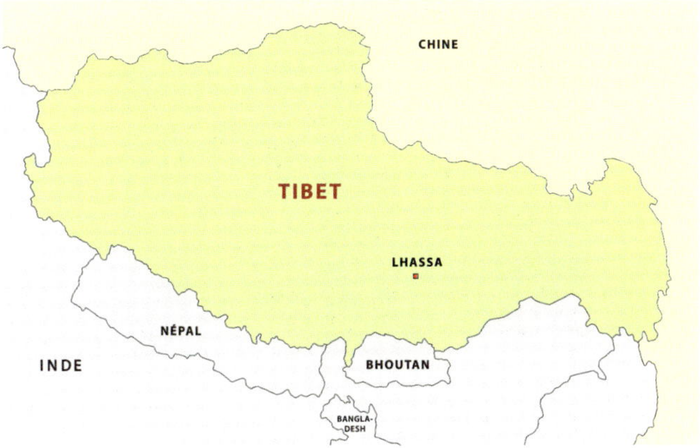

Carte du Tibet

Alexandra David-Néel s'est, très jeune, intéressée aux spiritualités orientales, plus particulièrement au bouddhisme. Le bouddhisme tibétain est un ensemble de croyances religieuses et philosophiques d'origine principalement indienne. Le mot « bouddha » signifie « éveillé à la vérité ». Son fondateur est Siddhartha Gautama, un prince indien qui a vécu au VIe siècle avant Jésus-Christ. Au cours d'une promenade hors de son palais, le jeune prince rencontre successivement un vieillard, un pestiféré, un cadavre en route vers le bûcher et un moine mendiant. Il apprend soudainement l'existence de la vieillesse, de la maladie, de la mort et de la pauvreté. Traumatisé, il renonce au luxe pour mener une vie d'ascèse, de jeûne, et de méditation. Siddhartha, par sa sagesse, atteint l'éveil : il a compris les causes de la souffrance et est capable de s'en libérer. Il reçoit le nom de Bouddha et passe le reste de son existence à enseigner sa pratique.

Bouddha prononçant un discours devant ses anciens condisciples

Pour mieux comprendre, il faut savoir que les bouddhistes croient en la réincarnation, qu'ils appellent « renaissance ». Cette dernière développe l'idée qu'après la mort, l'âme renaît pour habiter un autre corps. Il est alors possible de se réincarner en humain, mais aussi en animal et même en insecte, selon sa vie antérieure. Une personne qui a, par exemple, mal agi durant son existence, hérite d'un mauvais karma. Si la vie apporte souffrance et insatisfaction – pauvreté, maladie, vieillesse et mort –, on ne peut que souhaiter se libérer de la chaîne des existences qui se répètent sans fin. Siddhartha, le bouddha historique, est le premier à briser le cycle de la renaissance, à se libérer en tout cas des maux de ce monde, du mauvais karma et à atteindre le nirvana.

La société tibétaine traditionnelle est organisée en monastères tenus par des moines et dirigés par un lama. Il ne s'agit pas bien sûr de l'animal, mais d'un maître spirituel. Les lamas choisissent ensuite un leader spirituel qui est aussi le chef du gouvernement du Tibet : le dalaï-lama. Gedun Drub, né en 1391, est considéré comme sa première incarnation. Lorsque le maître spirituel meurt, les religieux tibétains recherchent dans leur pays le bébé dans lequel il s'est réincarné. Une fois qu'ils l'ont trouvé et reconnu, ils emmènent l'enfant dans un monastère pour le préparer à diriger le pays. Tenzin Gyatso est, depuis 1935, le 14e dalaï-lama. Exilé en Inde depuis que la Chine a annexé le Tibet, il reste le chef spirituel des Tibétains.

Tenzin Gyatso, le dalaï-lama en 2017

La résidence des dalaï-lamas s'appelle le Potala, qui comprend le Palais rouge et le Palais blanc, symboles de l'union du pouvoir politique et du pouvoir religieux. Le bâtiment, édifié au XVIIe siècle, comporte treize étages et plus de mille pièces. Juché sur une colline à 3 700 mètres d'altitude et doté de hautes murailles, il ressemble à une forteresse et domine tout Lhassa, la capitale du Tibet et ville sainte du bouddhisme. C'est là qu'Alexandra David-Néel entre enfin, après tant d'années de voyage, le 28 janvier 1924, déguisée en mendiante tibétaine. Elle est la première femme occidentale à pénétrer dans la ville interdite aux étrangers.

Le palais du Potala

D'autres pionnières à l'époque d'Alexandra David-Néel

Comme Alexandra David-Néel, d'autres femmes ont marqué leur siècle par leurs exploits. Toutes ont, à leur manière, changé l'histoire des femmes.

Annette Kellerman (1886-1975)

Pionnière australienne de la natation synchronisée. Atteinte à 6 ans de la poliomyélite, le médecin lui prescrit des séances de natation. À l'adolescence, elle pratique la compétition internationale et multiplie les exploits : plongeon de 28 mètres, traversée de Londres dans la Tamise, course dans la Seine à Paris. Féministe, elle contribue à libérer la pratique sportive chez les femmes, avec le port du maillot de bain moderne par exemple. Elle entame ensuite une carrière d'actrice, et tourne régulièrement des chorégraphies aquatiques. Sa vie fait l'objet d'un film en 1952 : *Million Dollar Mermaid (La Première Sirène).*

Marie Marvingt (1875-1963)

Pionnière de l'aviation et alpiniste française, surnommée « la fiancée du danger ». Élevée par son père qui l'initie à de nombreux sports jusque-là réservés aux hommes, elle devient en 1907 l'une des premières femmes au monde à piloter seule son avion. Passionnée d'alpinisme, elle gravit les sommets. En 1908, elle participe clandestinement au Tour de France cycliste. Pendant la Première Guerre mondiale, elle est la première aviatrice de l'armée française et crée une ambulance aérienne. Elle poursuit sa quête de records jusqu'à la fin de sa vie. À 85 ans, elle pilote son premier hélicoptère ! Et même à 86 ans, elle réalise un dernier Nancy-Paris sur son vélo. Elle demeure à ce jour la femme la plus décorée de France avec trente-quatre médailles, qui honorent son engagement militaire, sportif et humanitaire.

Marie Paradis (1778-1839)

Première femme à gravir le mont Blanc. Née à Chamonix, elle travaille comme servante dans une auberge, quand elle est entraînée par des amis dans cette aventure. Elle atteint le sommet du mont Blanc le 14 juillet 1808, exténuée et au bord de l'évanouissement. En 1838, elle félicite Henriette d'Angeville, la deuxième femme à faire la même ascension, en lui disant qu'elle est la véritable première alpiniste à atteindre ce point culminant.

Glossaire

Anarchisme : courant de pensée philosophique et politique, né au XIXe siècle, qui refuse toute domination et autorité sociale. Les anarchistes militent pour la suppression de l'État. Pour eux, les individus doivent collaborer et s'associer librement.

Indochine : ancienne colonie française (1887-1954) située en Asie du Sud-Est. La fin de l'Indochine française en 1954 donne naissance à trois pays : le Cambodge, le Laos et le Vietnam.

Monastère : lieu où des hommes ou femmes, des moines ou des moniales, choisissent de vivre à l'écart du monde pour se consacrer à la spiritualité. Les monastères existent dans les religions chrétiennes et bouddhistes.

Musée Guimet : créé par Émile Guimet en 1889, il est le Musée national des Arts asiatiques à Paris. Il abrite la plus grande collection hors d'Asie d'œuvres des différentes cultures hindouiste, bouddhiste, chinoise, tibétaine…

Pérégrinations : voyages effectués dans des pays lointains. Mais le mot est si imagé qu'on parle aussi de pérégrinations intellectuelles.

Société féodale : organisation de la société où le pouvoir appartient aux seigneurs qui possèdent des terres. Les paysans travaillent pour le seigneur qui doit, en contrepartie, les protéger.

Téméraire : se dit de quelqu'un qui prend beaucoup de risques, est courageux, mais aussi imprudent.

Jules Verne (1828-1905) : célèbre écrivain français de la fin du XIXe siècle. Il est l'auteur de nombreux romans d'aventures qui s'inspirent des progrès scientifiques de l'époque : *Cinq Semaines en ballon, Le Tour du monde en quatre-vingt jours, Vingt Mille Lieues sous les mers, Voyage au centre de la Terre…*

Crédits

Dans la même collection

MARTIN LUTHER KING
UN RÊVE D'ÉGALITÉ

CHARLIE CHAPLIN
L'ENCHANTEUR DU CINÉMA COMIQUE

LOUIS ARMSTRONG
ENCHANTER LE JAZZ

GERMAINE TILLION
LA VIE COMME UN COMBAT

HUNDERTWASSER
INVENTER LA VILLE